KORPORATION DER KAUFMANNSCHAFT VON BERLIN.

Die Eröffnung
der
Handelshochschule Berlin
am
27. Oktober 1906

Stenographische Berichte
über die gehaltenen Ansprachen

BERLIN
VERLAG VON GEORG REIMER
1906

Die Handelshochschule Berlin ist durch Ordnung vom 21. Dezember 1903 / 4. Januar 1904 als eine Einrichtung der Korporation der Kaufmannschaft von Berlin gegründet und staatlich anerkannt worden.

Nachdem das für die Hochschule bestimmte Gebäude auf dem Block zwischen Spandauer-, Neue Friedrichstraße und Heiligegeistgasse fertiggestellt und seiner Bestimmung übergeben war, fand die feierliche Eröffnung der Hochschule am Sonnabend, den 27. Oktober 1906, in der Aula der Handelshochschule statt. Zu der Feier war als Vertreter Sr. Majestät des Kaisers Se. Kaiserliche und Königliche Hoheit der Kronprinz des Deutschen Reiches und von Preußen erschienen.

Im nachfolgenden werden die bei der Feier gehaltenen Ansprachen nach stenographischen Aufzeichnungen im Wortlaut veröffentlicht.

Stadtältester **Kaempf,** Präsident der Aeltesten der Kaufmannschaft von Berlin:

Euere Kaiserliche und Königliche Hoheit! Meine Herren! Die Korporation der Kaufmannschaft von Berlin begeht heute einen Tag, so bedeutungsvoll, wie wenige zuvor in ihrer nunmehr 86 jährigen Geschichte.

Auf Grund Allerhöchster Kabinettsordre vom 2. März 1820 errichtet, hat sie durch alle Wechselfälle hindurch ihre Aufgabe, die gemeinsamen Angelegenheiten des Handelsstandes ihres Bezirkes zu betreiben, aufrecht erhalten. Als vom Staate anerkannte Handelsvertretung ist sie berufen, einerseits den Staats- und richterlichen Behörden als gutachtliches Organ zu dienen, und andererseits Anstalten und Einrichtungen zu begründen und zu unterstützen, welche die Förderung von Handel und Gewerbe ihres Bezirkes zum Zwecke haben, der außer Berlin die Städte Charlottenburg, Schöneberg und Rixdorf und die Kreise Teltow und Nieder-Barnim umfaßt. Wenn sie in Erfüllung des zweiten Teiles dieser ihrer Aufgaben die Börse zu Berlin errichtet, wenn sie ein Verkehrsbureau und eine Zollauskunftsstelle ins Leben gerufen hat, die nicht nur von Berlin aus, sondern aus ganz Deutschland und darüber hinaus auch aus dem Auslande benutzt werden, wenn sie eine Handelsbibliothek in größtem Umfange organisiert, wenn sie das Berliner Jahrbuch für Handel und Industrie geschaffen hat, das in möglichster Vollständigkeit über die wirtschaftliche Entwickelung und über alle den Handel interessierenden Vorgänge in Gesetzgebung und Verwaltung berichtet, so nimmt neben diesen Aufgaben der kaufmännische Unterricht einen hervorragenden Platz in ihrer Tätigkeit ein. Ihre auf Freiwilligkeit des Besuches beruhende Fortbildungsschulen für männliche Angestellte werden von etwa 2500 jungen Kaufleuten, die beiden Handelsschulen für Mädchen von etwa 600, die fakultative Fortbildungsschule für weibliche Angestellte von etwa 650 Schülerinnen besucht, und die kaufmännischen Fachschulen, die laut Erlaß des Herrn Handelsministers nach Maßgabe des Berliner Ortsstatuts als Ersatz für die städtischen Pflichtfortbildungsschulen gelten, zählen zurzeit 930 Besucher. War hierdurch sowie durch die umfassende Fürsorge der Stadt Berlin für das Fortbildungs- und Fachschulwesen für den elementaren und mittleren kaufmännischen Unterricht gesorgt, so stellte sich je länger je mehr die Notwendigkeit heraus, dem Problem der vertieften kaufmännischen Ausbildung näher zu treten, die den modernen erhöhten Aufgaben des Handelsstandes zu genügen geeignet ist.

Der Gedanke der Errichtung von Handelshochschulen ist weder in Deutschland noch speziell in Berlin neu. Die Versuche aber, die in Berlin durch Joh. Michael Friedrich Schulz 1791—1806 und durch die Gebrüder Noback 1843—1849 gemacht worden sind, Handelsschulen mit wissenschaftlicher Durchbildung zu schaffen, scheiterten damals nach kurzem Bestehen. Es ist das unvergängliche Verdienst des verstorbenen Gustav v. Mevissen in Köln, den Gedanken der Handelshochschulen in Deutschland wieder geweckt zu haben. In seiner aus dem Jahre 1879 stammenden Schrift hat er als Ziel hingestellt: „Bildungsanstalten zu schaffen, welche, die Bedingungen späterer erfolgreicher Tätigkeit auf dem Gebiete des Erwerbslebens in sich aufnehmend und dieselben kultivierend, neben einer gründlichen Fachbildung zugleich die allgemeine menschliche Bildung nach wissenschaftlicher Methode fördert und im Manne des Faches zugleich den fest in sich ruhenden Charakter, den sittlichen, selbstbewußten Menschen erzieht“, und zugleich hat er diesem seinen Gedanken einen konkreten Ausdruck gegeben durch eine große Stiftung, auf der die Handelshochschule der Stadt Köln sich aufgebaut hat. Schon vor der Eröffnung der Handelshochschule in Köln waren im Jahre 1898 in Leipzig in Anlehnung an die Universität, in Aachen in Anlehnung an die technische Hochschule Handelshochschulen errichtet worden, während der am 1. Mai 1901 stattgehabten Eröffnung der städtischen Handelshochschule in Köln die Eröffnung der Akademie für Sozial- und Handels-Wissenschaften in Frankfurt a. M. am 21. Okt. 1901 gefolgt ist.

Für Berlin wurde der Gedanke der Errichtung einer Handelshochschule im Jahre 1900 angeregt, und zwar bezeichnenderweise aus den Kreisen der jungen Kaufleute heraus. Nachdem am 19. März 1900 der Syndikus der Korporation der Kaufmannschaft,

Herr Professor Dr. Apt, im Verein junger Kaufleute einen Vortrag über diese Frage gehalten hatte, beantragte dieser Verein bei den Aeltesten der Kaufmannschaft, der Errichtung einer Handelshochschule näherzutreten, und ein gleicher Antrag gelangte im Sommer 1900 von 346 Korporationsmitgliedern an das Aeltesten-Kollegiums. Im Schoße des letzteren waren die Ansichten zunächst geteilt. Namentlich überwog die Meinung, daß, wenn überhaupt eine Handelshochschule errichtet werden solle, diese wie in Leipzig Anlehnung zu suchen habe an eine der bestehenden Berliner Hochschulen, die Universität oder die Technische Hochschule. Eine dahingehende Anregung blieb ohne Erfolg. Nachdem dann im August 1902 eine mit 284 Unterschriften bedeckte Petition aus den Kreisen der Korporationsmitglieder, und zwar durch den Verein für die Interessen der Fondsbörse, das Ersuchen an die Aeltesten gerichtet hatte, die Angelegenheit der Handelshochschule zu beschleunigen, beschlossen die Aeltesten der Kaufmannschaft am 14. Mai 1903 unter Zustimmung der Finanzkommission der Korporation, von der Anlehnung an eine der bestehenden Hochschulen abzusehen und eine selbständige Handelshochschule als eine Einrichtung der Korporation der Kaufmannschaft von Berlin ins Leben zu rufen. Eine gewissenhafte Prüfung der Finanzlage der Korporation hatte ergeben, daß letztere in der Lage sei, die Kosten des Baues, die einschließlich Grund und Boden nahezu $3^1/_2$ Mill. Mk. betragen, sowie die Kosten der Verwaltung ohne finanzielle Unterstützung von irgend einer anderen Seite aus eigenen Mitteln zu übernehmen.

Nachdem dieser Beschluß, so schwer man zu ihm gelangt war, einmal gefaßt worden, ergaben sich für seine Ausführung, mit Ausnahme eines einzigen, keine ernstlichen Hindernisse. Die Königliche Staatsregierung, die ihre Genehmigung zur Errichtung der Handelshochschule erteilte, wie die Aeltesten der Kaufmannschaft waren von vornherein darin einig, daß in der Hauptstadt des Deutschen Reiches die Handelshochschule als ein Unternehmen ersten Ranges geschaffen werden muß oder gar keine. Dies führte zur Anerkennung des Grundsatzes, daß die Handelshochschule auf gleicher Höhe zu erhalten sei, wie die Universität und die anderen Hochschulen; eine Bestimmung, unter der die Aeltesten der Kaufmannschaft auch die Aufrechterhaltung der akademischen Lehrfreiheit und Lernfreiheit verstehen. — Da die Handelshochschule ausschließlich eine Einrichtung der Korporation der Kaufmannschaft ist, so steht ihre Verwaltung im weitesten Umfange den Vertretern der Korporation, d. h. den Aeltesten der Kaufmannschaft, zu. Als gutachtliches Organ steht ihnen dabei der Große Rat der Handelshochschule zur Seite, der sich, abgesehen von Mitgliedern des Aeltesten-Kollegiums und der Finanzkommission, unter dem Vorsitze des Präsidenten der Aeltesten der Kaufmannschaft zusammensetzt aus Vertretern der Königlichen Staatsregierung, der Universität und der Technischen Hochschule, sowie aus Vertretern der Stadt Berlin und der Handelskammer, aus dem Rektor, drei Dozenten im Hauptamte, dem Syndikus der Handelshochschule und fünf sonstigen, von den Aeltesten der Kaufmannschaft zu berufenden hervorragenden Persönlichkeiten, welche ihr Interesse an der Handelshochschule betätigt haben.

Der Königlichen Staatsregierung dagegen ist vorbehalten die Bestätigung der von den Aeltesten der Kaufmannschaft zu ernennenden Dozenten im Hauptamte und die Zustimmung zur Bestätigung des jeweiligen Rektors der Handelshochschule. — Auch die sonstige innere Organisation und die Gewinnung von Lehrkräften begegneten keinen größeren Schwierigkeiten als solchen, die erklärlich sind angesichts der Tatsache, daß den Aeltesten der Kaufmannschaft die Erfahrung in der Organisation von Handelshochschulen bis dahin gänzlich gefehlt hatte.

Wenn sich eine größere Schwierigkeit ergab, so war es bei der Ausführung des Baues. Zwar stand der Bauplatz an geeigneter Stelle zur Verfügung. Die Korporation verfügt zurzeit über den ganzen Grundstückskomplex, der begrenzt wird von der Burgstraße, der Spandauerstraße, der Neuen Friedrichstraße und der St. Wolfgangstraße, ein Komplex, der im ganzen 16 700 qm oder ungefähr 7 preußische Morgen umfaßt, und auf dem bereits das Börsengebäude errichtet ist. Auf Grund eines Preisausschreibens vom 8. Febr. 1904 wurden acht Entwürfe eingericht und die Entscheidung des Preisrichterkollegiums vom 16. Juni 1904 erkannte als das beste Projekt dasjenige an, das von den Herren Architekten Cremer & Wolffenstein eingereicht war. Als aber auf Grund dieses Projektes mit den Vorarbeiten des Baues begonnen werden sollte, ergab sich eine Schwierigkeit. Auf einem für den Bau der Handelshochschule bestimmten Grundstücke befand sich die Heilige Geist-Kapelle, die die Korporation mit dem

Rechte, sie niederzureißen, erworben hatte. Da die Kapelle aus dem 13. Jahrhundert stammt und eines der ältesten, wenn nicht das älteste Baudenkmal Berlins ist, wurden von kompetentester Seite Stimmen laut, daß dieses Baudenkmal erhalten werden sollte. Durch die Erhaltung der Kapelle mußte aber ein bedeutender Raumverlust für die Zwecke der Handelshochschule entstehen, durch ihre notwendig werdende Renovierung erhebliche Kosten, vor allem aber ging die Einheitlichkeit des Grundrisses des neuen Gebäudes verloren, ganz abgesehen davon, daß durch die sich hieran anknüpfenden langwierigen Verhandlungen in Frage gestellt wurde, ob der Bau der Handelshochschule bis zum 1. Okt. d. J., dem festgesetzetn Eröffnungstermine, werde fertiggestellt werden können. Allseitiger guter Wille besiegte auch diese Schwierigkeiten. Die Korporation nahm die erheblichen Mehrkosten auf sich, das Ministerium für öffentliche Arbeiten kam in der Ausnutzung des Bauplatzes in dankenswerter Weise entgegen und unsere Herren Architekten Cremer & Wolffenstein lösten die Frage der Einbeziehung der Kapelle in den Grundriß der Handelshochschule in so glänzender Weise, daß ihnen dafür ganz besondere Anerkennung gebührt, wie nicht minder dafür, daß sie den ganzen Bau in der kurzen Zeit von $1^1/_2$ Jahren fertiggestellt haben.

Somit übergeben wir heute diese Einrichtung der Korporation der Allgemeinheit, indem wir sie der Fürsorge der königlichen Staatsregierung empfehlen, von der wir, wie bisher so in Zukunft, die Förderung des jungen Unternehmens erhoffen. Wir erbitten ihre freundliche Aufnahme von den Behörden der Stadt Berlin, der, wie wir überzeugt sind, die Handelshochschule zur Zierde und zum Nutzen gereichen wird. Wir empfehlen den Hochschulen Berlins und den älteren deutschen Handelshochschulen diese ihre jüngste Schwester zum freundnachbarlich kollegialen Einvernehmen. Wir führen in diesem Augenblick Sie, Herr Rektor, und Sie, meine Herren Professoren und Dozenten der Handelshochschule, in Ihre Aemter ein in dem Vertrauen, daß Sie wahren wissenschaftlichen Geist, aber nicht minder echt kaufmännischen Sinn darin pflegen werden, eingedenk der Tatsache, daß das Unternehmen von Kaufleuten begründet und für Kaufleute bestimmt ist. Wir übergeben die Handelshochschule Ihnen, meine Herren Studierenden, zur Benutzung in der Erwartung, daß Sie in ihr frei von jeder Ueberhebung nicht nach Titeln und äußeren Anerkennungen, sondern nach vertiefter kaufmännischer Bildung streben und sich das Goethesche Wort vor Augen halten werden: „Ich wüßte nicht, wessen Geist ausgebreiteter wäre, ausgebreiteter sein müßte, als der Geist eines echten Handelsmannes.“ Vor hundert Jahren gesprochen, hat dieses Wort unter den modernen Verhältnissen seine erhöhte Bedeutung gewonnen; denn die Ansprüche an die Bildung und die Kenntnisse des Kaufmanns sind in dem Maße gewachsen, in dem Handel, Industrie und Schiffahrt von immer größerer Bedeutung geworden sind für die Wohlfahrt der Völker.

Für uns Deutsche aber ist die Grundlage dieser Entwickelung die Einigung des Deutschen Reiches, unter dessen mächtigem und friedenbringendem Schutze der deutsche Unternehmergeist zur Entfaltung gelangt ist. Die große Aula der Handelshochschule schmückt daher mit Recht das Bildnis des Schirmherrn des Deutschen Reiches, auf dessen weise, gerechte und kraftvolle Regierung wir zählen und dem im Augenblick der Eröffnung dieser Handelshochschule der Ruf gilt: „Seine Majestät der deutsche Kaiser, Wilhelm II., König von Preußen, lebe hoch! hoch! hoch!“

(Die Anwesenden, die sich erhoben haben, stimmen begeistert in das dreimalige Hoch ein.)

(Lebhafter Beifall.)

Nunmehr gebe ich das Wort dem Rektor der Handelshochschule Berlin, Herrn Professor Dr. Jastrow, um die Festrede zu halten.

Festrede des Rektors der Handelshochschule, Professor Dr. **Jastrow**, über:

Kaufmannsbildung und Hochschulbildung.

Euere Kaiserliche und Königliche Hoheit!

Meine Herren!

Es ist alter akademischer Brauch, daß bei einer Feier der Hochschule der Redner des Tages den Gegenstand zu seinem Vortrage seiner eigenen Wissenschaft entnimmt. So werden auch unsere Festtage uns zu Arbeitstagen, und unser Festgenuß besteht darin, daß es uns vergönnt ist, einen erlesenen Kreis von Gästen an unserer Arbeit teilnehmen zu sehen.

Der Redner des heutigen Tages ist in der bevorzugten Lage, den Gegenstand dieser Feier selbst als Objekt seiner Wissenschaft ansprechen zu dürfen. Die Staatswissenschaften, die man nach ihrem bevorzugten Bestandteile auch wohl gemeinhin als Volkswirtschaftslehre zu bezeichnen pflegt, umfassen nicht bloß die Lehre von der Pflege der materiellen, sondern in weitem Umfange auch die Lehre von der bewußten Pflege der ideellen Güter. Die gesamte Bildungspflege nehmen wir als Bestandteil unserer Wissenschaft in Anspruch. Und welcher Teil der Bildungspflege könnte wohl zur Nationalökonomie in engeren Beziehungen stehen, als die Fürsorge für die Heranbildung der zukünftigen leitenden Männer in Handel und Industrie.

So liegt es am heutigen Tage nahe, dem Verständnis der Feier, die uns hier vereinigt hat, einige betrachtende Worte zu widmen. Ich lade Sie ein, meine Herren, in einer gemeinsamen Wanderung an der Hand der Geschichte den Versuch zu machen, uns darüber klar zu werden, wie das Werk, das am heutigen Tage fertiggestellt wird, allmählich entstanden ist, welche Wandlungen die Kaufmannsbildung auf deutschem Boden im Laufe der Jahrhunderte durchgemacht hat, bis sie zu den Handelshochschulplänen und ihrer Verwirklichung durchgedrungen ist.

Diese Vorgeschichte ist sehr viel älter, als man gewöhnlich annimmt. Den Gedanken bewußter Bildungstätigkeit für die zukünftige Kaufmannsgeneration finden wir bereits in der frühen Hansezeit. Die älteste einschlägige Notiz dürfte sich wohl an den Vertrag knüpfen, den die deutschen Kaufleute zu Sankt Peter in Nowgorod mit dem Fürsten des Landes schlossen; ein Vertrag vom Jahre 1269, in dessen Entwurf sie das größte Gewicht darauf legen, daß ihre „Jungen“ (pueri) das Recht haben müssen, unbehindert sich im Lande zu bewegen, um die Sprache des Landes zu erlernen. — Kenntnis fremder Sprachen und Kenntnis fremder Länder blieben lange Zeit die einzige kennzeichnende Eigenschaft der Kaufmannsbildung, die sie von der Bildung anderer Stände unterschied. Eine bedeutsame Wendung trat in der Zeit des Ueberganges vom Mittelalter zur Neuzeit ein. Im Jahre 1494 erschien das Werk des italienischen Franziskanermönches Fra Luca Pacciolo, das bereits die sog. doppelte italienische Buchführung in der ganzen vollendeten Systematik darlegt, wie sie der heutige Handelsstand anwendet. Um dieselbe Zeit wurde der Gebrauch der arabischen Ziffern, sorgsam in Linienfelder geschrieben, allgemeiner, und insbesondere vom Kaufmannsstande, angenommen. 1518 erschien in Erfurt das später beinahe sprichwörtlich gewordene Rechenbuch von Adam Riese

„Rechnung auff der Linihen“. Kaufmännische Buchführung und kaufmännisches Rechnen haben zur Voraussetzung, daß mit Sauberkeit und Sorgfalt die Hand geführt wird. Und so ergab sich nebenbei als drittes Element die kaufmännische Handschrift.

Diese drei Elemente traten zu der Sprach- und Länderkenntnis hinzu und bereiteten die einheitliche Bildungsgrundlage vor für die erste große Periode in der Geschichte der deutschen Kaufmannsbildung, die man etwa vom 16. bis 18. Jahrhundert datieren kann. Das Bildungsmittel ist die Kaufmannslehre. Kaufmann ist nur, wer „gelernt hat“, es zu sein. Mit Geschicklichkeit sucht die Kaufmannslehre als Lernobjekt und Lernmittel die Tätigkeit des Lehrherrn selbst zu benutzen. Es werden für den Lehrling Beschäftigungen ausgesucht, in denen er am besten erlernen kann, was sein Chef und seine sonstigen Vorgesetzten treiben. Wenn es z. B. die Aufgabe des Lehrlings ist, die Briefe zu „kopieren“, so geschieht das in der älteren Zeit durch Abschreiben; indem der Lehrling die Korrespondenz seiner Abteilung mit eigener Hand abschreiben muß, lernt er die Formen, in denen Handelsgeschäfte vor sich gehen, er lernt die Gesetzesstellen und Handelsbräuche, auf die sich der Kaufmann beruft, er lernt die korrekten Bezeichnungen der Waren, er lernt die Münz- und Geldsorten aller Länder der Erde kennen. Ein geschickter und wohlwollender Lehrherr benutzt dies, um ihm gleichzeitig die juristischen Kenntnisse, die Vertrautheit mit dem Geld-, Münz- und Bankwesen, die volkswirtschaftlichen Kenntnisse beizubringen, deren er in seinem späteren Berufsleben bedarf. Für die Gesamtheit aller dieser Einzelkenntnisse, die den verschiedensten Wissenschaften entnommen sind, bildete sich schon damals der Name der „Handelswissenschaften“ aus.

Der also herangebildete Kaufmannsstand ist in Deutschland unter den nicht studierten Leuten zweifellos die Avantgarde der Bildung. Für die Bildungsanstalten des jungen Kaufmannes in dieser Zeit wird immer betont, daß sie in erster Linie Anstalten sein müssen, die den Ruf des Kaufmannes, ein gebildeter Mann zu sein, erhalten und rechtfertigen. Es ist das Zeitalter bildungsfroher Aufklärung, als welches uns das 18. Jahrhundert erscheint. Es ist aber gleichzeitig in volkswirtschaftlicher Beziehung das Zeitalter des Merkantilismus, das ausschließlich, und vielfach einseitig, eine Bereicherung des Wohlstandes vom Außenhandel, vom Welthandel und von seinen kaufmännischen Vertretern, erwartet.

Es kann nicht wundernehmen, daß beim Zusammentreffen von

Aufklärung und Merkantilismus der Gedanke entstand, dem Kaufmann durch eigene Hochschulen eine akademische Ausbildung zu verschaffen. Einer der hervorragendsten Vertreter der Aufklärung in der Staatsverwaltung, der portugiesische Minister Pombal, faßte unter den Arbeiten, mit denen er das zerrüttete Wirtschaftsleben der Hauptstadt nach dem Erdbeben von Lissabon erneuern wollte, auch den Gedanken einer Hochschule für Kaufleute ins Auge. Sie wurde begründet im Jahre 1759 als die älteste Handelshochschule, von der wir Kenntnis haben. Wie sehr der Gedanke in der Luft lag, sehen wir daraus, daß schon acht Jahre später in Hamburg ein ähnliches Institut begründet wurde. Berlin war in seinen pädagogischen Bestrebungen zwar schon damals keine unbedeutende Stadt. Aber die Stadt war beeinflußt von den pädagogischen Zentren des damaligen Deutschland: Halle, Dessau, Schnepfenthal. Von Dessau kam jener Johann Michael Friedrich Schulz, der den Gedanken, wenn auch nicht einer Hoch-, so doch einer höheren Schule für junge Kaufleute in Berlin faßte. Hier kam es aber zu weitgehenden Meinungsverschiedenheiten. Man fürchtete, daß bei einer besonderen Schule für Kaufleute jener alte Vorzug der Kaufmannsbildung, daß sie eine allgemein menschliche Bildung wäre, leiden könnte. Es ist höchst bezeichnend, daß in dem Streit über das Vorwiegen der Fach- oder der allgemeinen Bildung die Aeltesten der Kaufmannschaft von Berlin auf Seiten der allgemeinen Bildung standen, die sie ihrem Stande erhalten sehen wollten. Der Streit wurde, hauptsächlich aus Anlaß der Verstaatlichung der Schule, zwischen Schulz und dem Staatsrat Kunth ausgefochten. Diese beiden Männer dürfen wir als die ersten betrachten, die auf Berliner Boden den Gedanken der Kaufmannsbildung auch theoretisch erwogen haben. Nachkommen beider Männer befinden sich in diesem Saale in unserer Mitte; es sind die Enkel, die den Ahnherren biographische Denkmäler gesetzt haben. Die heutige Generation erlebt das chronologisch merkwürdige Zusammentreffen, daß der Gedanke, der in der Ungunst der Zeiten Michaelis 1806 zusammenbrach, genau hundert Jahre später, Michaelis 1906, in einer Weise erneuert wird, die die damaligen Zeitgenossen kaum zu ahnen gewagt hätten.

Ein Zeugnis für die Stellung, die der Kaufmannsstand am Ende des 18. Jahrhunderts einnahm, bildet unser altes preußisches Gesetzbuch, das Allgemeine Landrecht. Die Frage: Wer ist Kaufmann? beantwortet das Allgemeine Landrecht juristisch: wer den Handel mit Waren oder Wechseln als sein Hauptgeschäft betreibt. Dies ist der als maßgebend vorschwebende Typus. Erweitert wird der Kreis der Standesangehörigen dadurch, daß Unternehmern von Fabriken und Schiffsreedern die gleichen Rechte zugesprochen, aber erheblich eingeengt dadurch, daß Krämern in Dörfern und Flecken. Hausierern, Trödlern und, wie sich das Gesetzbuch despektierlich ausdrückt, „gemeinen Viktualienhändlern“ (Heiterkeit) jene Rechte abgesprochen werden. In allen Handelsplätzen der Monarchie bestehen Kaufmannsgilden, und die Aufnahme in die Gilde wie in den Kaufmannsstand hat zur wichtigsten Voraussetzung, daß eine regelrechte kaufmännische Lehre absolviert ist. Damit ist jene traditionell erwachsene Kaufmannsbildung von dem Gesetzgeber als die Grundlage der Zugehörigkeit zum Kaufmannsstande anerkannt; und das wichtigste Element der Kaufmannsbildung, die Buchführung, ist in dem Abschnitt von der Beweiskraft der Handlungsbücher, sowie in dem Konkursrecht des Allgemeinen Landrechts unter strengen gesetzlichen Schutz gestellt. Das Landrecht hält fest an einer gewissen schroffen Scheidung des Volkes in Stände. Der Adel ist ihm der erste Stand im Staate; erst hinter diesem kommt der Bürgerstand. Aber der Kaufmann in der obigen Charakterisierung gehört zum „höheren“ Bürgerstande, und dieser ist in Familienangelegenheiten dem gewöhnlichen Adel gleichgestellt. Die Zugehörigkeit zum Kaufmannsstande ist also im Allgemeinen Landrecht im wesentlichen bedingt durch die Kaufmannsbildung, und um der Kaufmannsbildung willen wird der Satz statuiert, daß die Tochter des Kaufmanns dem Sohne des Edelmannes ebenbürtig ist. Das ist die Anschauung des Gesetzgebers aus dem Zeitalter der Aufklärung und des Merkantilismus. Das Allgemeine Landrecht datiert vom Jahre 1794. Im Jahre darauf erschienen Wilhelm Meisters Lehrjahre, aus denen jene Goethesche Charakteristik der Kaufmannsbildung stammt, die Sie soeben vernommen haben, und die für den „echten Handelsmann“ die höchsterreichbare Universalität der Bildung in Anspruch nimmt.

Gestatten Sie, meine Herren, daß ich neben diesen beiden erlauchten Zeugnissen ein drittes anführe, klein und unscheinbar, aber für uns gewissermaßen von Familieninteresse. Es ist Boltes „Berlinischer Schriftsteller für junge Kaufleute“, genau aus derselben Zeit stammend, vom Jahre 1791. Als seinen leitenden

Grundsatz bezeichnet der Verfasser die Anschauung, daß es einen besonderen kaufmännischen Briefstil überhaupt nicht gebe; er will sein Buch aufgefaßt sehen als eine Fortsetzung seines früheren allgemeinen Briefstellers, d. h. als Anwendung der guten Schreibart auf den kaufmännischen Briefwechsel. Daß eine solche aber dem Kaufmann ganz besonders notwendig sei, begründet er an der Spitze seines Werkes mit folgenden die Anschauungen der Zeit widerspiegelnden Sätzen: „Man gibt den Kaufleuten insgemein das Zeugnis, daß ihr Zirkel es eigentlich sei, in welchem Feinheit der Sitten, Geschliffenheit in der Aufführung, Biegsamkeit und Gewandtheit des Charakters und die ganze äußerliche Wohlanständigkeit in ihrem ganzen Umfange vorzüglich angetroffen werden könne." — Dieses Buch ist gewidmet: den Aeltesten der Kaufmannschaft von Berlin. Ehemals ein viel benutztes Schulbuch (auch in jener Schulzschen Anstalt wurde danach unterrichtet), war es lange Zeit fast verschollen, bis es eben jetzt der Umsicht unserer Bibliotheksverwaltung gelungen ist, ein Exemplar ausfindig zu machen und zu erwerben.

Eine zweite Periode der deutschen Kaufmannsbildung bezeichnet das 19. Jahrhundert, heraufgeführt durch die gewaltigen Veränderungen der neueren Technik. Der nächste Einfluß war, daß die Kreise, die die Technik im Erwerbsleben handhabten, in den Kaufmannsstand eintraten. Hatte schon das Allgemeine Landrecht den Kaufleuten, die es in erster Linie als Käufer und Verkäufer denkt, die Fabrikanten gleichgestellt, so wurde diese Gleichstellung in viel prinzipiellerer Weise durch das Allgemeine Handelsgesetzbuch von 1861 ausgesprochen und in unserm neuen Handelsgesetzbuch von 1897 an die Spitze gestellt. Wie jene ältere Anschauung die Volkswirtschaftslehre des Merkantilismus widerspiegelt, so der neuere Kaufmannsbegriff die Volkswirtschaft des Industriesystems. Dieser erweiterte Kaufmannsbegriff ist in gewisser Weise eine Eigentümlichkeit des deutschen Kulturlebens. Keine andere Sprache kennt diesen Kaufmannsbegriff. In England unterscheidet man den merchant, den banker und den manufacturer, und kein banker würde sich merchant nennen. Uns ist dieser Begriff des Kaufmanns natürlich. Historisch herausgebildet stellt er uns den Vertreter des Erwerbslebens dar, der auf Grund seiner allgemeinen kaufmännischen Schulung imstande ist, heute ein Warengeschäft zu leiten, morgen eine Textilfabrik zu übernehmen oder für seinen verwaisten Neffen die vormundschaftliche Führung einer Reederei anzutreten, ohne dabei die Vorstellung eines Berufswechsels zu haben. Er ist der in allen Sätteln gerechte Gewerbetreibende, von allen Seiten als der führende Stand im Erwerbsleben heutzutage anerkannt. — Was im 19. Jahrhundert dieser Stand für die Nation bedeutete, das sehen wir an den drei großen aufeinander folgenden Ereignissen, die die nationale Geschichte Deutschlands in diesem Jahrhundert bestimmten: in dem Aufkommen des Liberalismus, in der Begründung des Zollvereins und endlich in der Begründung der deutschen Einheit, in welcher der Kaufmannsstand schon um seiner materiellen Interessen willen genötigt war, die realen Forderungen auszusprechen, die in dem Herzen der Nation lebten.

Die Bildung, die dem Kaufmannsstande im 19. Jahrhundert zuteil wurde, beruhte in erster Linie auf der überkommenen Kaufmannslehre, die in ihrer grundlegenden Stellung nicht erschüttert wurde. Gerade darauf, daß der Kaufmann ein „gelernter Kaufmann" war, beruhte die Fähigkeit der fundamentalen Erfassung jeder Erwerbsaufgabe und das Zutrauen zu dieser Fähigkeit. Daneben aber strömten technisch gebildete Männer in Massen in den neuen Kaufmannsstand hinein. Der beispiellose Erfolg der technischen Hochschulen neben den Universitäten beruht zu einem großen Teile darauf, daß sie sich ein gänzlich neues, bis dahin den Hochschulen verschlossenes Gebiet eroberten, indem sie Ingenieure und Techniker aller Art in die Erwerbsstände hineinbrachten.

Allein trotz aller großen und bedeutsamen Fortschritte ist der Kaufmann in dem letzten Viertel des Jahrhunderts in Deutschland doch durchweg von dem Gedanken bedrückt, daß seine Geltung im Leben der Nation nicht mehr die alte sei, daß diese Geltung vielmehr gegen früher zurückgegangen sei. Wie früher die Bedeutung des Kaufmannsstandes auf den Vorzügen seines Bildungswesens beruhte, so beruht vielleicht auch dieses Zurückgehen darauf, daß gewisse neu hervortretende Bildungsmomente in die Kaufmannsbildung noch nicht eingedrungen sind. Während die Welt die Fortschritte der Technik bewunderte, war bereits auf einem ganz anderen Gebiete die Frage aufgetaucht, die man als d a s Problem unserer Zeit betrachtet: die soziale Frage. Mit dem Aufkommen sozialer Gesichtspunkte für die Beurteilung wirtschaftlicher Verhältnisse beginnt für die kaufmännische Bildung eine dritte Periode, an deren Anfang wir stehen. Sie erfordert in erster Linie ein Eingehen auf die Arbeiterfrage, das heute keinem Kaufmann erspart werden kann, der an der Spitze großer wirtschaftlicher Unternehmungen steht. Auch für die Fortschritte der Technik handelt es sich nicht bloß darum, leistungsfähige Maschinen zu schaffen, sondern auch, die Menschenmassen, die diese Maschinen in Bewegung setzen sollen, zu leiten, ihr soziales Leben zu verstehen, zu wissen, was sie innerlich bewegt, ein Urteil darüber zu gewinnen, wie man die Anforderungen, die sie an das Wirtschaftsleben erheben, befriedigen kann, oder, wenn man sie ablehnen muß, sie abzulehnen auf Grund sachkundiger Erwägungen, und nicht auf Grund hergebrachter Vorurteile. Der Zug zum „Sozialen“ zeigt sich aber keineswegs bloß in der Arbeiterfrage, in der Art, wie hier Forderungen statt wie früher für die einzelne Person jetzt für die ganze soziale Gruppe als solche erhoben werden. Es ist dieselbe Erscheinung, die wir in der Vergesellschaftung der Unternehmer selbst, in ihrem Zusammenschließen zu Kartellen, sehen. Ja derselbe Vorgang zeigt sich auch darin, daß immer mehr Unternehmungen, die bisher der einzelne betrieben hatte, vom Staate betrieben werden, wie die Eisenbahnen, oder daß in anderen Unternehmungen die staatlichen Einrichtungen — wie etwa die Zölle — einen steigenden Einfluß auf das Erwerbsleben üben. Die Zeit hat aufgehört, wo für den Kaufmann die Hauptsache ist, Kunden zu bedienen oder Bezugsquellen zu kennen. Der kaufmännische Typus der Zukunft ist der Typus des kaufmännischen Verwaltungsmannes, der gegenwärtig in der Bildung begriffen ist, und für den die Vorbildung sehr ähnlich liegt wie für den staatlichen Verwaltungsmann, der ja auch imstande sein muß, alle erdenklichen Gebiete des Staatslebens, ob er in ihnen aufgewachsen ist oder nicht, unter den Gesichtspunkten des Staates zu verwalten, wie der Kaufmann unter seinen wirtschaftlichen Gesichtspunkten.

Hier setzt nun eine neue Bewegung ein, die sich zur Aufgabe macht, dem Kaufmannsstande die Elemente dieser Kenntnisse zugänglich zu machen. Gerade in diesen Tagen ist die Denkschrift des Kölner Großkaufmanns Mevissen bekannt geworden, mit der er im Jahre 1879 — es ist dies das politische Wendejahr, von dem der Kaufmannsstand ein Zurückgehen seines Einflusses im Leben der Nation datiert —, die Grundzüge einer Handelshochschule in der Skizze entwarf. Der Gedanke ist zunächst im Auslande verwirklicht worden, wo im Jahre 1881 gleichzeitig in Philadelphia und in Paris die ersten Handelshochschulen entstanden. Es folgten dann weiter in England, in Italien, namentlich in Amerika eine große Reihe von Handelshochschulen, zum Teil an die dortigen Universitäten angegliedert, bis im Jahre 1898 in Leipzig und Aachen, und drei Jahre darauf in Köln und Frankfurt a. M., die ersten deutschen Handelshochschulen ins Leben traten.

In Berlin sind Schöpfungen dieser Art aus der Zeit dieser Entwickelung nicht aufzuweisen, aber besprochen wurde der Gedanke. Die Akten der Aeltesten der Kaufmannschaft, betreffend die hochschulmäßige Bildung von Kaufleuten, beginnen mit dem Jahre 1841, und ihr ältestes Stück ist der Bericht über das Immediatgesuch des „früher in mehreren Handlungshäusern beschäftigt gewesenen Schriftstellers Ferdinand Freiligrath“ (Heiterkeit), der hier am Orte eine höhere Handlungsschule mit annähernd hochschulmäßigen Tendenzen eröffnen wollte. Die Aeltesten der Kaufmannschaft haben dieses Gesuch nicht befürwortet. Aber höchst charakteristisch sind die Gründe, aus denen die Ablehnung erfolgte: einmal die Befürchtung, die Kaufmannslehre könnte in ihrer Bedeutung verkannt werden; zweitens aber wiederum der alte Gedanke, man solle nicht Schulen gründen, in denen der junge Kaufmann die Vorstellung bekäme, das Eintrichtern kaufmännischer Kenntnisse mache schon einen gebildeten Kaufmann, sondern man solle den Kaufleuten allgemeine Bildung zuführen. Die deutsche Literaturgeschichte lehrt, daß dem „früher in mehreren Handlungshäusern beschäftigt gewesenen Schriftsteller Ferdinand Freiligrath“ diese Ablehnung nicht geschadet hat. Wir dürfen aber auch sagen, daß sie der Sache nicht geschadet hat. Es gereicht der Sache nur zur Förderung, daß man an jenem alten Bildungsgedanken festhielt, auch während der neue erörtert wurde. — In späterer Zeit haben die Aeltesten der Kaufmannschaft von Berlin sich daran gemacht, die Einrichtungen in Deutschland und im Auslande zu studieren. Nachdem der Gedanke einer Handelshochschule in Berlin festen Fuß gefaßt hatte, wurden in einer mit zu diesem Zwecke veranstalteten Studienreise im Jahre 1904 die amerikanischen Einrichtungen, die den Zusammenhang mit dem praktischen Geschäftsleben herstellen wollten, einem Studium an Ort und Stelle unterzogen.

Am 4. Jan. 1904 waren die Vorarbeiten soweit gediehen, daß

durch die Genehmigung der Königlichen Staatsregierung die „Ordnung der Handelshochschule Berlin" perfekt geworden war. Die Verfassung der neuen Hochschule beruht auf einer Zweiteilung. Die Verwaltung der Hochschule gehört den Aeltesten der Kaufmannschaft, der Unterricht ist dem Rektor und dem Dozentenkollegium nach den Grundsätzen der Lehrfreiheit und der Lernfreiheit überantwortet.

Es sei ferne von mir, an dem heutigen Tage, wo dieses Werk vollendet ist, den Dank für die Munifizenz, mit der die Aeltesten der Kaufmannschaft es ausgestattet haben, irgendwie betonen zu wollen. Eine solche Betonung würde leicht der Mißdeutung Raum geben, als ob die materiellen Mittel, die die Aeltesten der Kaufmannschaft gespendet haben, das Wertvollste ihrer Gabe darstellten. Das Wertvollere an dieser Gabe war die Arbeitsleistung des Aeltestenkollegiums. Es war der Ernst und das tiefe Verständnis für die Bedeutung eines Augenblicks, in welchem in dem Mittelpunkte des Reichslebens dem Kaufmannsstande die Hochschulbildung eröffnet wird. Es war die Hochachtung vor der Wissenschaft, die auch ihre Vertreter sich zur Ehre gereichen lassen dürfen; um so mehr, als hier zum ersten Male in Deutschland eine kaufmännische Körperschaft es unternahm, ganz aus sich heraus eine Hochschule zu begründen.

Trotz dieser erfreulichen Vorgeschichte werden wohl bei dieser Zweiteilung zwischen Verwaltung und Unterricht gewisse Reibungen im Laufe der Zeit nicht ausbleiben können; denn der deutsche Gelehrte steht wohl nicht mit Unrecht in dem Rufe, daß, wenn er seine Rechte eifersüchtig zu wahren sucht, er nicht immer ein Ideal der Friedfertigkeit bleibt. (Heiterkeit.) Aber was auch immer in den nächsten Jahren die Schicksale dieser Hochschule und ihrer Nährmutter sein werden — wenn jemals Meinungsverschiedenheiten eintreten, dann werden Sie, meine Herren Aeltesten, in dem Dozentenkollegium ein Mitglied haben, das Zeugnis ablegen kann von dem Geiste, in dem Sie diese Hochschule geschaffen haben.

Die Eigenart einer Neugründung bringt es mit sich, daß an dem Tage der Eröffnung die Verfassung einer Hochschule nicht vollständig in die Erscheinung treten kann. Nach unseren deutschen Begriffen von Hochschul-Verfassung ist es wesentlich, daß das Oberhaupt von den Mitgliedern des Lehrkörpers selbst erwählt wird. Da es während der Begründungsarbeiten noch keinen

Lehrkörper gab, so mußte hier, wie in ähnlichen Fällen, für das erste Mal der Rektor durch Ernennung bestimmt werden. So übernimmt der erste Rektor der Handelshochschule sein Amt mit einem gewissen Mangel. Er kann sich nicht auf das ausgesprochene Vertrauen seiner Kollegen berufen, das sonst jeden Rektor schon von Wahl wegen in sein Amt begleitet. Aber dieser Mangel ist vielleicht zur Hälfte ausgeglichen dadurch, daß der Träger des Amtes sich dessen bewußt wird, und daß er als seine vornehmlichste Aufgabe ansieht, sich dieses Vertrauen zu erwerben.

Ein gutes Vorzeichen dafür, daß es gelingen wird, die kollegiale Verfassung, die uns vorgeschwebt hat, auch auszuführen, ist gerade die Größe der Aufgabe, die unser harrt, und die es deutlich bekundet, daß wir nur in gutem Einvernehmen, bei Sammlung aller Kräfte das Ziel, das uns gesetzt ist, erreichen können. Ein gewaltiges Lehrgebiet ist der Handelshochschule zugewiesen: juristisch-volkswirtschaftliche, naturwissenschaftlich-technische, geographisch-historische Kenntnisse neben dem alten Urstock der Sprachkenntnisse. Erst wenn alle diese Wissenschaften ausgesondert sind, wird der Rest, der als „Handelswissenschaften“ übrig bleibt, vollständig klar werden. Diese Zusammenstellung von Lehrgegenständen ist, wie unser historischer Ueberblick gezeigt hat, gar nicht aus der Handelshochschul-Bewegung allein hervorgegangen. Die Handelshochschule, die wir am heutigen Tage zu eröffnen im Begriff stehen, ist, historisch angesehen, nicht ein bloßes Produkt der Hochschul-Enthusiasten, sondern sie ist ein Kompromiß zwischen den begeisterten Verehrern der akademischen Ausbildung von Kaufleuten einerseits und ihren vorsichtig und zweifelnd gesinnten Kritikern andererseits, die bei diesem Kompromiß zu ihrem Recht gekommen sind. Zwar wenn wir von den Gegnern der Handelshochschule das Betonen der Allgemeinbildung herübernehmen, so treten wir damit nur in die Fußtapfen der anderen Handelshochschulen, die es in Deutschland bereits gibt. Durch die Gunst der Umstände in Berlin unterstützt, werden wir bemüht sein, alle Kräfte, die das Berliner Leben uns zur Verfügung stellt, für die Aufgaben der allgemeinen Bildung auszunutzen. Aber den zweiten Punkt, der von den Kritikern der Handelshochschule herrührt, daß die Kaufmannslehre, die praktische Lehre in kaufmännischen Geschäften, von ihrer maßgebenden Stellung im kaufmännischen Bildungswesen nicht zurückgedrängt werden darf, hat die Handelshochschule Berlin zum ersten Mal gewagt als leitenden Grundsatz an die Spitze zu stellen. Die Handelshochschule Berlin betont, daß sie in erster Linie für gelernte Kaufleute da ist, die die Lehre bereits hinter sich haben. Sie geht nicht soweit, Abiturienten, denen alle Hochschulen Berlins offen stehen, gerade die Handelshochschule verschließen zu wollen; aber als regulärer Fall ist der ausgebildete, gelernte Kaufmann gedacht, der Einjährigen-Zeugnis und Lehrzeugnis aufzuweisen hat. Alle Einrichtungen der Korporation der Kaufmannschaft von Berlin, die aus dem praktischen Geschäftsleben hervorgegangen sind, werden auch für Unterrichtszwecke zur Verfügung stehen. Die neue Hochschule wird eine Hochschule sein, errichtet von Kaufleuten für Kaufleute. Nur in einem Punkte hat sie ihre Aufgabe grundsätzlich erweitert: sie will gleichzeitig eine Hochschule für Handelslehrer sein. Indem sie die Ausbildung von Handelslehrern mit zu ihren Aufgaben zählt, darf sie die Hoffnung hegen, daß dadurch eine günstige Rückwirkung wiederum auf die Kaufmannslehre erfolgen, daß die Lehrlingsjahre desto fruchtbarer sein werden, je mehr es gelingt, aus dieser Hochschule einen Stand tüchtiger Handelslehrer hervorgehen zu lassen, die den Lehrling mit Unterricht, den Lehrherrn zuweilen mit pädagogischem Rate unterstützen.

Sind diese Aufgaben an sich schon schwierig, so sind sie vielleicht noch erschwert worden durch die hohe Auffassung, die die Königliche Staatsregierung bei der Begründung der Hochschule an den Tag legte. Die Genehmigung, die die Königliche Staatsregierung erteilte, hat sie an die schwere Bedingung geknüpft, daß die Begründer „bestrebt sein werden, die Handelshochschule auf gleicher Höhe wie die übrigen Berliner Hochschulen zu halten“. Wer den Weltruf der Berliner Hochschulen kennt, der wird es begreiflich finden, daß man im ersten Augenblick über die Schwere dieser Bedingung stutzte. Heute wissen wir alle, daß die Königliche Staatsregierung kein schöneres Angebinde dem Täufling in die Wiege legen konnte, als diese Bedingung, die der leitende Grundsatz für die Begründung der Handelshochschule geworden ist.

Freilich, weder daß der Große Rat die Dozenten approbiert hat, noch daß eine erfreulich häufige Verbindung von Universitäts- und sonstigen Hochschulämtern mit der Lehrtätigkeit an der neuen Hochschule stattfindet, noch auch das heutige Erscheinen der

Vertreter der anderen Berliner Hochschulen, gibt uns ein Recht. für uns in Anspruch zu nehmen, daß wir bereits vollwertig in Ihre hohe Gemeinschaft aufgenommen seien. Aber einen Punkt gibt es, in dem wir ohne jede Unbescheidenheit sagen dürfen, daß wir zu Ihnen gehören: wir sind Ihre Schüler. Noch lebt auf deutschen Hochschulen der Geist, der zwischen Lehrern und Schülern eine lebendige Wechselwirkung schafft; noch wird in Deutschland keine Hochschule gegründet, ohne daß ihre Lehrer sich als Schüler der älteren Hochschulen fühlen. An dem heutigen Tage, wo wir ein schweres und verantwortungsreiches Amt auf uns nehmen, tritt vor unsere Erinnerung das Andenken an die Männer, denen wir auf hohen Schulen unsere Ausbildung verdankten. Jenen Männern selbst können wir den Dank nicht abstatten. Die meisten von ihnen deckt auch wohl schon der kühle Rasen. Aber es gibt Erben, die diese Dankesschuld für sich in Anspruch nehmen, und diese Erben sind: unsere Schüler.

Sie, meine Herren Kommilitonen, die Sie am heutigen Tage in diese Hochschule und ihre Tätigkeit aufgenommen sind, sollen wissen, daß, wenn Sie unsere persönliche Mitwirkung in Anspruch nehmen wollen, Sie nicht mehr fordern, als Ihr gutes Recht. Wenn ich Ihnen verspreche, daß ich Ihnen sein will, was meine Lehrer mir gewesen sind, so glaube ich Ihnen, meine jungen Freunde, das Beste versprochen zu haben, das zu bieten ich irgendwie fähig wäre, und ich habe die feste Ueberzeugung, daß diese Worte, die ich in feierlicher Stunde ausspreche, von sämtlichen Mitgliedern des Lehrkörpers geteilt werden. Denken Sie aber daran, nach den alten Bildungs-Traditionen Ihres Standes, daß Sie diese neue Ausbildungszeit nicht bloß dazu benutzen, gute Kaufleute zu werden, sondern auch gute, gebildete Mitglieder der menschlichen Gesellschaft, gute Bürger des Staates. Vergessen Sie nicht, was Sie dem Vaterlande und seinem Oberhaupte schulden auch in Ihrer Bildungstätigkeit, in Ihrem Arbeiten an der eigenen Person. Halten Sie sich ferner vor Augen, daß Sie nicht bloß Bürger des Staates, sondern auch Bürger der Stadt, der Sie einst angehören, sein werden, und daß Sie sich auch für diesen Pflichtenkreis vorbereiten müssen. In diesem Gefühl des Bürgertums wird sich schnell eine Gemeinsamkeit zwischen Lehrenden und Lernenden ergeben, die hier — abweichend von sonstigen Hochschulen — einen verschiedenen Lebensberuf haben. „Wer in Deutschland eine Geschichte der Literatur, Kunst, Philosophie und Wissenschaft schreibt, der behandelt in der Tat nur die Familiengeschichte des gebildeten Bürgertums.“ Der Geschichtsschreiber, der diese stolzen Worte schrieb, ist identisch mit dem Dichter, der die Poesie von Soll und Haben entdeckt hat. Das heutige Bürgertum darf wohl hoffen, daß es an Leistungen hinter der Zeit, in der Gustav Freytag jenen Ausspruch tat, nicht zurücksteht, vielleicht aber zurücksteht in der eigenen Würdigung, Wertschätzung und Hochstellung seiner Leistungen. Prägen Sie darum, meine Herren Kommilitonen, es Ihrem Gedächtnisse ein, daß die Hochschule, die Ihnen am heutigen Tage zugänglich wird, die Schöpfung einer Korporation ist, die in schweren Zeiten den Gedanken bürgerlicher Selbstverwaltung hochgehalten und mit Erfolg hochgehalten hat. Trügen Sie die Hoffnung nicht, daß aus dieser Hochschule ein Geschlecht hervorgehe, das Bildungsschätze benutzt, um Bürgerstolz zu kräftigen und zu rechtfertigen.

Daß unter den Trieben, die den Kaufmann in seinem Berufsleben beseelen, der Erwerbstrieb obenan steht, darin soll sich auch in Zukunft nichts ändern. Aber der gebildete Kaufmann soll wissen, daß es jenseits aller materiellen Interessen noch andere Interessen gibt; er soll wissen, daß er mit der Befriedigung seines Erwerbstriebes gleichzeitig auch höheren Zielen zu dienen hat.

So glaube ich Ihnen, denen die Hochschule vom heutigen Tage gewidmet ist, nichts Schöneres mit auf den Weg geben zu können, als den Hinweis auf einen Spruch, der ebenfalls aus jener bildungsfrohen Periode unserer klassischen Literatur herstammt und von dem zweiten unserer großen Dichter herrührt: wenn Sie nach genossener Ausbildung ausziehen in das Erwerbsleben, mögen Sie dann ausziehen wohlgerüstet, um Güter zu suchen, aber mögen Sie dann auch aus dieser Hochschule ein Bewußtsein davon mitnehmen: daß an Ihr Schiff knüpfet das Gute sich an!

(Lebhafter, langanhaltender Beifall.)

Dr. Delbrück, Königlich Preußischer Staatsminister, Minister für Handel und Gewerbe:

Euere Kaiserliche und Königliche Hoheit! Hochgeehrte Herren!

Die heute eröffnete Handelshochschule verdankt ihre Entstehung den Entschließungen und den reichen Mitteln der Korporation der Kaufmannschaft von Berlin. Der heutige Tag ist also in erster Linie ein Ehrentag dieser Korporation, und ihr gegenüber liegt uns zunächst ob, mit dem Ausdruck anerkennenden Dankes den Wunsch auszusprechen, daß sich alle die Hoffnungen erfüllen mögen, die sie an ihre hochherzige Stiftung knüpft, und daß der Arbeit der Männer, die sich in den Dienst der jungen Anstalt gestellt haben, ein voller Erfolg beschieden sein möge. Diesen Empfindungen und Wünschen im Namen der Königlichen Staatsregierung Ausdruck zu geben, ist mir eine angenehme Pflicht. Neben den Aufgaben und Problemen, vor die uns die gewaltige wirtschaftliche Entwickelung des Deutschen Reiches gestellt hat, steht obenan eine Ausgestaltung unseres Unterrichtswesens für die wirtschaftlich produzierenden Kreise unseres Volkes, und die Königliche Staatsregierung kann es nur mit Freuden begrüßen, wenn die Beteiligten selbst mit ihrer Erfahrung und ihren Mitteln bereit sind, an der Lösung dieser Aufgaben mitzuarbeiten. Ich kann daher auch versichern, daß die Königliche Staatsregierung und ich, soweit mein Ressort dabei in Frage kommt, bestrebt sein werden, Hand in Hand mit dem Rektor und dem Lehrkörper der Hochschule darauf hinzuarbeiten, daß diese, die bestehenden Einrichtungen des Staates ergänzend, und aufbauend auf den bewährten praktischen Ueberlieferungen unseres Kaufmannsstandes, die gesteckten Ziele auf einem Wege erreicht, der der Weltstellung unseres Handels, seiner Bedeutung für unsere innere wirtschaftliche und soziale Entwickelung und unserer wirtschaftlichen Schlagfertigkeit nach außen Rechnung trägt; zum Wohle und zur Ehre unseres Vaterlandes. Ich habe den Auftrag, mitzuteilen, daß Seine Majestät der Kaiser und König allergnädigst geruht haben, aus Anlaß des heutigen Tages folgende Auszeichnungen zu verleihen: die Krone zum Roten Adlerorden vierter Klasse dem Stadtrat Johannes Kaempf in Berlin, den Königlichen Kronenorden dritter Klasse dem Stadtrat Dr. Maximilian Weigert in Charlottenburg, den Roten Adlerorden dritter Klasse dem Geheimen Kommerzienrat Edmund Helfft in Berlin; den Charakter als Kommerzienrat dem Bankier Max Richter in Berlin, den Charakter als Baurat dem Architekten Prof. Wilhelm Cremer in Berlin, den Roten Adlerorden vierter Klasse dem Architekten Richard Wolffenstein in Charlottenburg, das Allgemeine Ehrenzeichen dem Maurerpolier Karl Friedrich Erdmann Klaust und dem Zimmermann Friedrich Ferdinand Florstedt, beide in Berlin.

Darf ich den beliehenen Herren die Auszeichnungen überreichen.

Präsident **Kaempf:**

Euerer Exzellenz danke ich im Namen der Korporation der Kaufmannschaft von Berlin für die Ansprache und für die von seiten der Königlichen Staatsregierung verliehenen Auszeichnungen. Wir erblicken darin die Anerkennung der Staatsregierung für die Tätigkeit der Korporation, soweit sie auf allgemeine Interessen gerichtet ist, und wir erblicken darin einen Ansporn, diese Tätigkeit weiter fortzusetzen in der Ueberzeugung, daß wir damit den allgemeinen Interessen dienen und daß damit unsere Arbeit am besten nutzbringend verwertet wird.

Kirschner, Oberbürgermeister der Stadt Berlin:

Euere Kaiserliche und Königliche Hoheit! Hochansehnliche Festversammlung! Dank, innigen Dank und herzlichen Glückwunsch bringe ich am heutigen festlichen Tage namens der Stadt und der Bürgerschaft von Berlin der Korporation der Kaufmannschaft und der neubegründeten Anstalt dar!

Die heute eingeweihte Anstalt tritt an die Seite der bereits in Berlin bestehenden Hochschulen als eine neue Stätte der Wissenschaft und der wissenschaftlichen Arbeit. Neue und weitere Kreise sollen Gelegenheit erhalten, eine hohe wissenschaftliche Ausbildung an ihr zu erwerben.

Daß diese Schöpfung ohne jeden gesetzlichen Zwang aus der freiwilligen Entschließung der Kaufmannschaft hervorgegangen, daß sie ohne jede Inanspruchnahme öffentlicher Mittel lediglich aus freien Gaben begründet ist und aus freien Gaben erhalten werden soll, gereicht der Kaufmannschaft zu besonderer Ehre.

Die Anstalt wird ihren Segen nicht beschränken und soll ihn nicht beschränken auf Einwohner dieser Stadt, und doch wird sie naturgemäß zunächst diesen Einwohnern zugute kommen.

Das Gedeihen dieser Anstalt, ihre Entwickelung wird das Ansehen und die Bedeutung zunächst der Gemeinde fördern, auf deren Grund und Boden sie errichtet ist. Daß die Kaufmannschaft dieser Anstalt auch äußerlich eine so schöne, kunstvolle Gestalt gegeben hat, gereicht unserer Stadt zur Zierde; und daß es ihr möglich gewesen ist, das ehrwürdige Alter eines früheren Gebäudes zu schützen und zu wahren, dafür dürfen wir ihr einen besonderen Dank aussprechen.

Möge die Anstalt sich entwickeln entsprechend den Hoffnungen und Erwartungen, die heute die Gründer für sie hegen, zum Wohle der Schüler, zur Freude der Lehrer, zum Ruhm unseres intelligenten Kaufmannsstandes.

Schustehrus, Oberbürgermeister der Stadt Charlottenburg:

Euere Kaiserliche und Königliche Hoheit! Hochansehnliche Festversammlung! Freudigen Herzens erscheine ich heute an dieser Stätte, um als Vertreter der Stadt Charlottenburg herzliche Glückwünsche zu überbringen zu der Eröffnung der Handelshochschule Berlin. Der opferwillige, weit ausschauende, ziel- und selbstbewußte Bürgersinn der Korporation der Berliner Kaufmannschaft hat in dieser Handelshochschule ein geistiges Gebäude errichtet, aus dessen Räumen ein reicher Segen quellen soll für das Bürgertum und damit für den Staat. Und wenn in der heutigen Zeit so oft und meines Erachtens mit Recht schwer darüber geklagt wird, daß das Bürgertum in unserem Staatswesen nicht diejenige Stelle einnimmt, die ihm nach seiner Arbeit und seiner Leistung für den Staat gebührt, so ist meines Erachtens gerade diese Hochschule berufen, auch auf diesem Gebiete im Laufe der Jahre zu helfen, Wandel zu schaffen; denn nicht nur wahre Klugheit und weit ausschauenden Blick, sondern vor allem auch charaktervolles Selbstbewußtsein sollen die Hochschule und ihr Lehrkörper wecken und stärken in ihren Hörern aus der Kaufmannschaft und damit aus einem der besten Teile unseres Bürgertums, und wenn irgend einer berufen und geschickt ist, diesem Ideal zu kräftiger wirklicher Tat zu verhelfen, so ist es der verehrte Mann, den die Korporation der Kaufmannschaft und ihr Aeltestenkollegium mit klarem Blick herausgefunden haben, und den sie gestellt haben an die Stelle des Rektors in den ersten drei Jahren der Hochschule: Herr Professor Dr. Jastrow. Das dürfen wir, die wir in der Charlottenburger Verwaltung seit einer langen Reihe von Jahren mit ihm zusammen zu arbeiten die Ehre hatten, und die wir ihn kennen, ihn und seine geistvolle und energische Art — das dürfen wir, ohne unbescheiden zu erscheinen — hoffe ich — am heutigen Tage aussprechen unter herzlichen Glückwünschen für diese Wahl.

Ich schließe mit dem aufrichtigen und herzlichen Wunsche, daß es dem Rektor und dem Dozentenkörper dieser Hochschule gelingen möge, die großen Hoffnungen, die das gesamte Bürgertum auf sie und ihre Arbeit setzt, zu erfüllen zum Wohle des Bürgertums, zum Wohle des Staates.

Geheimer Regierungsrat Professor Dr. **Diels,** Prorektor der Universität Berlin:

Euere Kaiserliche und Königliche Hoheit! Hochgeehrte Festgenossen! Im Namen des Rektors, der am heutigen Tage verhindert ist, hier zu erscheinen, begrüße ich diese neue Hochschule und spreche ihr die herzlichsten Glückwünsche aus!

Wenn von dem Herrn Rektor dieser Hochschule angedeutet worden ist, daß die Mitglieder der hiesigen Universität vielleicht nicht ganz freundlichen Auges auf diese Gründung herabsehen, — wenn ich nicht mißverstanden habe —, so muß ich von vornherein sagen, daß unser Glückwunsch ein vollkommen aufrichtiger ist; denn wir sind durchdrungen von der Bedeutung dieser neuen Gründung, und wir denken mit Dankbarkeit an das, was die Handelswissenschaften von jeher zu den Wissenschaften selbst beigetragen haben.

Es sei mir gestattet, um diese Worte nicht als inhaltslos und vage erscheinen zu lassen, die Geschichte, die der verehrte Herr Rektor von dem Gedanken der Handelshochschule entwickelt hat, etwas weiter zu verfolgen über das 13. Jahrhundert hinaus, wo er begonnen hat; denn meine Studien führen mich noch etwas höher hinauf, ins Altertum. Ich denke an jenes denkwürdige 7. Jahrhundert v. Chr., wo die Anfänge der Wissenschaft überhaupt einsetzen. Derjenige Mann, um den sich der ganze Begriff der damaligen Anfangswissenschaft konzentriert, ist auch der Gründer der ersten Handelshochschule, nämlich Thales von Milet. Von Thales beginnt der erste Anfang wissenschaftlicher Ueberlegung dessen, was man damals Philosophie nannte. Aber Philosophie umfaßte in einer Weise, die uns heute ganz unbekannt ist, alles Wissen, das damals überhaupt die Zeit bewegte, und zugleich nicht bloß das Wissen, sondern auch das Können. Thales war nicht bloß der erste Physiker und Metaphysiker, sondern er war auch zugleich der erste Techniker, der den Kanal zur Ableitung des Halysflusses baute. Er war der erste Kaufmann, der eine große Monopolberechnung anstellte und seinen Mitbürgern zeigte, wie man Geld verdienen könne als Gelehrter, — wenn man wolle. Thales also ist derjenige, der zuerst erkannt hat, daß die Wissenschaft für die Ausbreitung des Handels notwendig ist. Er ist derjenige, der jene

Schule gegründet hat, die sehr bald der Welt die erste Land- und die erste Himmelskarte geschenkt hat — die Himmelskarte, damit man sich nachts, sei es zu Wasser oder zu Lande, nach den Sternen orientieren könne, die Landkarte, damit man sich, sei es zu Wasser oder zu Lande, bei Tage zurechtfinden und diejenigen Länder aufsuchen könne, die der Handel mit seinen Waren versehen soll, der Handel, der es zuwege gebracht hat, daß Milet zu jener Zeit die blühendste Stadt der Welt war.

Das war die erste Gründung, an die sich nachher, indem sich die Wissenschaft weiter ausbildete, die Philosophenschule des Pythagoras, dann des Plato anknüpften, der seiner Stiftung den Namen der Akademie gab. So knüpft sich alles akademische Wesen der Folgezeit in einer ununterbrochenen Kette an jene ersten Anfänge ionisch-griechischer Wissenschaft. Darum also ist es auch an dem heutigen Tage erlaubt, wenn wir von Wissenschaft sprechen, daran zu erinnern, daß diese von jener ionischen Handelsstadt ausgegangen ist und von dem großen Kaufmann, der damals an ihrer Spitze stand. So ist es uns also leicht, auch heute anzuerkennen, daß die Wissenschaft in den Handelswissenschaften voll zu ihrem Werte und zum Worte kommen kann. Daß dies hier geschehen wird, ist uns um so weniger zweifelhaft, als wir ja an der Universität zum Teil die ausgezeichneten Männer kennen gelernt haben, die hier die Handelswissenschaft vertreten sollen. So dürfen wir mit Zuversicht und mit den besten Hoffnungen unsere Glückwünsche der jüngsten Schwester darbringen, die wir zusammenfassen in das alte Universitätswort: Vivat, crescat, floreat!

Herr Geheimer Regierungsrat Professor **Grantz**, Rektor der Technischen Hochschule Berlin.

Euere Kaiserliche und Königliche Hoheit! Hochverehrte Festversammlung! Der Korporation und den Aeltesten der Kaufmannschaft überbringe ich die Glückwünsche der Technischen Hochschule zu der heutigen, nicht nur für Sie, sondern auch für weite Kreise des wirtschaftlichen Lebens bedeutsamen Feier. Mit Freude und mit berechtigtem Stolz eröffnen Sie heute in diesen Prachträumen die Handelshochschule, die Hochschule, die Sie weitschauend, zielbewußt aus eigener Kraft geschaffen haben, um dem Kaufmanne das geistige Rüstzeug in dem immer schwerer werdenden Kampfe des wirtschaftlichen Lebens zu geben.

In dieser Hinsicht decken sich Ihre Ziele mit den Aufgaben der Technischen Hochschulen. Handel, Industrie und Technik sind nicht zu trennen. Gleiche Interessen, gleiche Ziele vereinigen sie zu gemeinsamer Arbeit. Der Kaufmann sucht die Wege, die der Ingenieur dem Handel ausbaut und ebnet, und der Handel ist einzig imstande, der Industrie immer neue Absatzgebiete zu erschließen.

Am heutigen Tage möchte ich die Wünsche der Technischen Hochschule darin zusammenfassen, daß der Schüler der Handelshochschule Hand in Hand mit dem Schüler der Technischen Hochschule, daß der deutsche Kaufmann Schulter an Schulter mit dem Ingenieur in dem Weltverkehr dem deutschen Wissen sowie den Arbeiten der deutschen Industrie und Technik zum Siege verhelfe.

Professor Dr. **Eckert,** Studiendirektor der Handelshochschule Köln.

Euere Kaiserliche und Königliche Hoheit! Meine Herren! Es ist mir eine hohe Ehre, namens der westdeutschen Handelshochschulen Aachen, Köln und Frankfurt, die Berliner Schwesteranstalt bei ihrer Eröffnung beglückwünschen zu dürfen. Mit herzlichem Willkommen, ohne jede Mißgunst, wie sie sich im Familienkreise bei Ankunft eines Neulings gelegentlich geltend macht, begrüßen die wenig älteren Geschwister den jüngsten Sproß. Wir freuen uns mit ihm der reichen Angebinde, die ihm gleich in die Wiege gelegt worden sind. Wir erhoffen von seiner aufsteigenden Entwickelung verstärktes Ansehen, vertieften Einfluß der Handelshochschulidee in weiten Kreisen. Die Errichtung einer neuen Handelshochschule durch die Aeltesten der Kaufmannschaft von Berlin hat ja die Basis des Handelshochschulgedankens wesentlich verbreitert; sie ist der deutlichste Beweis dafür, daß der Indifferentismus gegen die Hebung des Bildungsniveaus der kaufmännischen und industriellen Kreise, der die ersten nachdrücklichen Anregungen für eine kaufmännische Hochschulbildung in Deutschland auf unfruchtbaren Boden fallen ließ, sich verflüchtigt hat.

In ihrer Entstehung und Organisation nicht ganz gleich geartet, in ihren Zielen nahe verwandt, wollen die Handelshochschulen in geschwisterlicher Eintracht durch Vermittelung nützlicher Fachkenntnisse und gediegenen Allgemeinwissens eine Auslese der kaufmännischen Jugend befähigen, über den nächstliegend direkten Vorteil hinaus zu erfassen, wo die großen produktiven Aufgaben der Zukunft liegen, damit auf ökonomischem Gebiet die Machtstellung Deutschlands aufrecht erhalten bleibt. Ihr Programm reicht über das unserer kaufmännischen Fachschulen weit hinaus. Die junge handeltreibende Welt soll auf ihnen lernen, wie die weltumspannende Tätigkeit des Großkaufmanns und Industriellen aufs engste mit dem Staate und dem allgemeinen Fortschritt zusammenhängt. Die reich beanlagten, dem Erwerbsleben dienenden Persönlichkeiten sollen schon in jungen Jahren daran gewöhnt werden, stets und unverwandt den Blick auf die Gesamtentwickelung des Vaterlandes zu richten. Ihr Sinn soll zugleich auf die idealen Ziele der Menschheit gelenkt werden, weil bei enger Beschränkung auf rein materielle Interessen ihr Bestes leicht verkümmern könnte. Die Träger der materiellen Schöpfungen erhalten ja, wie das fast vor einem Menschenalter der heute mehrfach zitierte Gustav v. Mevissen, einer der ganz Großen im Reiche des Handels, der Stifter der Kölner Handelshochschule, formuliert hat, ihre wahre Weihe erst dadurch, daß sie sich in freier Unterordnung als dienende Glieder, als Unterlagen der höheren geistigen Ordnungen im Leben des Staates wissen und erkennen.

Die Handelshochschulen können des weiteren dazu beitragen, daß die heute noch in manchen Fällen bestehende Kluft zwischen Bildung und Besitz überbrückt werde, daß bei der heranwachsenden kaufmännischen Generation zu klarem Bewußtsein durchreife, wie die erkennenden und schaffenden Kräfte einander ergänzen, wie sie nur in wechselseitiger Durchdringung zu den höchsten Aufgaben befähigt werden. Sorgsame Pflege der allgemeinen Geisteswissenschaften neben den eigentlichen Fachstudien der Handelshochschulen knüpft ein enges Band zwischen Kaufmannsstand und der aus dem Universitätsstudium hervorgegangenen Gelehrten- und Beamtenwelt, den von technischen Hochschulen kommenden Ingenieuren; verleiht dem kaufmännischen Standesgefühl zugleich einen idealen Gehalt.

Möge die Berliner Handelshochschule gleich ihren Schwesterinstituten sich immer vollkommener in ihrem Lehrkörper ausgestalten, mögen in ihrem Lehrstoff stets streng wissenschaftliche Grundlagen mit höchsten Zielen praktischer Lebensarbeit sich einigen. Möge auch die jüngste Handelshochschule eine stattliche Schar von Männern heranbilden, entsprechend dem Kaufmannsideale, wie es Gustav Frenßen mit wenigen Worten in Hilligenlei gezeichnet: Männer, durchdrungen von dem wahren Königtum des Kaufmanns, der dafür sorgt, daß auf der Erde kein Gut verkommt, sondern daß die Güter zu allgemeinem Nutzen über den ganzen Erdball hin und her geschoben und richtig verteilt werden, daß sie dem Menschen nützen, die Not abhalten, die Lebensfreude erhöhen.

Unser aller aufrichtige Wünsche lassen sich dahin zusammenfassen, daß die jüngste Berliner Handelshochschule eine neue Blüte einfüge dem ruhmreichen Kranze deutscher Hochschulen. Möge sie stets fest stehen, ein neues Bollwerk nationaler Gesittung, freier Wissenschaft, vaterländischer Kulturarbeit.

Dr. **Georges Blondel,** Professor an der Ecole des hautes études commerciales de Paris, gleichzeitig Delegierter der Handelskammer Paris:

Kaiserliche und Königliche Hoheit! Hochgeehrte Herren!

Der sehr ehrenvollen Aufforderung, auch einige Worte in dieser Festversammlung zu sagen, kann ich mich wirklich nicht entziehen.

Als Dozent an der wichtigsten und bestorganisierten Handelslehranstalt Frankreichs, als Mitarbeiter der Handelskammer in Paris und als Präsident einer Gesellschaft, die sich ganz besonders mit dem Studium der großen Umwandlungen in der modernen Kulturwelt beschäftigt, folge ich mit Interesse den Versuchen, die jetzt in verschiedenen Ländern und ganz besonders in Deutschland gemacht sind, um eine noch größere Anzahl von jungen Leuten in die Kenntnis der Handelswissenschaft einzuführen.

Handelswissenschaft — man hat wohl seit einer Stunde dieses Wort mehrmals ausgesprochen. Ja, der Handel ist in der Tat eine Wissenschaft, wie die Industrie, wie die Landwirtschaft. Die Erfahrung hat dies glänzend bewiesen; die Erfahrung beweist ferner, daß der Handel nicht nur ein mächtiger Faktor des materiellen Fortschritts für die Handeltreibenden und für die Nationen ist, deren Reichtum er vergrößert; er ist zugleich ein Faktor des intellektuellen und des sittlichen Fortschritts. Es sind nicht nur Waren, die er in seinem ununterbrochenen Strome zirkulieren läßt, es sind auch die Ideen, die er erweitert und verbreitet. Er bindet die Menschen nicht nur durch geschäftliche Beziehungen, er bindet sie auch durch die Bande der Sympathie und manchmal der Freundschaft. Die Kaufleute, die Handelsagenten sind wie goldene Fäden, die durch ihre ununterbrochene Verknüpfung stets der Sache des Fortschritts der Menschheit dienen. Durchdrungen von diesen Ideen, bringe ich, hochgeehrte Mitglieder der Kaufmannschaft von Berlin, Ihnen ganz besonders herzliche Glückwünsche zu einer Gründung, die eine so edle Privatinitiative, die zugleich ein so hohes Verständnis der aktuellen Forderungen beweist.

Et maintenant, messieurs, me permettrez vous d'ajouter quelques mots dans ma langue maternelle, dans cette langue française si appréciée à Berlin, que beaucoup d'entre vous parlent avec aisance, dont vous appréciez tous .la souplesse, l'harmonie et le charme.

Je puis en effet vous remercier en français mieux que je ne pourrais le faire en allemand, de votre gracieux accueil; je puis aussi vous mieux féliciter de l'œuvre si importante que vous avez menée à bonne fin.

C'est avant tout une œuvre scientifique! Et c'est sur ce terrain international de la science, que par dessus les barrières qui les séparent, et au dessus des opinions qui les divisent, les hommes de bonne volonté peuvent se tendre loyalement la main.

C'est dans ce sentiment que j'adresse à votre belle fondation mes vœux les plus sincères. Je suis convaincu qu'elle ne travaillera pas seulement à accroiter la prospérité de cet empire allemand, qui depuis un quart de siècle a fait tant de progrès. Je me plais aussi à espérer qu'elle éclairera les esprits, rapprochera les cœurs et contribuera dans une large mesure, au progrès même de l'humanité.

Charles **Charleton,** Chairman of the Council of the London Chamber of Commerce:

Kaiserliche und Königliche Hoheit! Meine Herren! Es gereicht uns zur besonderen Ehre, Ihrem glücklichen Festakt beizuwohnen, und ich möchte Ihnen unseren herzlichsten Dank für diese freundliche Einladung abstatten.

Die Wichtigkeit der kommerziellen Erziehung ist wohl unermeßlich. Wir wandeln in London auf demselben Wege. Nur durch solche Erziehung können wir überall die Macht des Handels völlig rechtfertigen. Im Namen der Londoner Handelskammer beglückwünsche ich Sie zu Ihrem großartigen Werke, um so mehr, als es von dem Handel ohne andere Hilfe zustande gebracht worden ist.

Permit me in my own language to offer you my heartiest congratulations upon your splendid work and my warmest wishes that it may be crowned with success.

Regierungsrat Professor **Schmid**, Vize-Direktor des K. K. Oesterr. Handelsmuseums, Leiter und ord. Professor der Export-Akademie, A. O. Professor an der K. und K. Konsular-Akademie zu Wien.

Kaiserliche und Königliche Hoheit! Hochgeehrte Festversammlung! Als Delegierter der Export-Akademie des K. K. Handelsmuseums in Wien erlaube ich mir, die neu errichtete Hochschule auf das wärmste zu begrüßen und überbringe gleichzeitig den Aeltesten der Kaufmannschaft von Berlin die herzlichsten und wärmsten Glückwünsche zur Eröffnung dieser gleich in großem Stile angelegten Handelshochschule, welche Zeugnis ablegt für die außerordentliche Bildungsfreundlichkeit der Aeltesten der Kaufmannschaft.

Seien Sie überzeugt, daß wir in Oesterreich der Entwickelung der deutschen Handelshochschulen mit ganz besonderem Interesse folgen, einerseits mit Rücksicht auf unsere freundnachbarlichen Verbindungen, andererseits, weil wir große gegenseitige Handelsbeziehungen unterhalten, dann auch mit Rücksicht auf den großen Aufschwung des deutschen Handels, nicht zuletzt aber auch deshalb, weil wir in Oesterreich auf eine über ein Jahrhundert zurückreichende Erfahrung im Handelshochschulwesen zurückblicken können.

Der Gedanke der Errichtung einer Handelshochschule läßt sich bei uns allerdings nicht auf Thales, wohl aber bis in die Zeit der Kaiserin Maria Theresia zurückführen. Die erste wirkliche Handelshochschule entstand im Jahre 1815 in Verbindung mit der Technik in Wien. Sie wurde im Jahre 1857 aufgelöst, als die Wiener Handelsakademie gegründet wurde, welche im Jahre 1873 (ich bitte dieses Jahr besonders zu beachten) eine Handelshochschule errichtete, die infolge der Ungunst der damaligen Verhältnisse leider bereits im Jahre 1875 wieder ihre Wirksamkeit einstellen mußte. In demselben Jahre entstand die dritte Handelshochschule durch die Revoltella-Stiftung in Triest, welche einige Aehnlichkeit mit der Stiftung des Geheimrats v. Mevissen in

Köln hat und noch jetzt besteht. Im Jahre 1898 endlich wurde die Export-Akademie durch das Handelsministerium und eine Vereinigung von Kaufleuten und Industriellen gegründet, die zu leiten ich seit diesem Jahre die Ehre habe.

Gestatten Sie mir noch, dem Wunsche Ausdruck zu geben, daß das Dozentenkollegium der Berliner Handelshochschule und die Handelshochschule selbst stets die angenehmsten kollegialen Beziehungen mit der Export-Akademie in Wien verbinden mögen.

Kaiserlicher Rat **Spitzer**, Vertreter der Handels- und Gewerbekammer zu Wien:

Euere Kaiserliche und Königliche Hoheit! Hochverehrte Festversammlung! Es möge mir gestattet sein, der besonderen Befriedigung darüber Ausdruck zu geben, daß es mir vergönnt ist, namens der niederösterreichischen Handels- und Gewerbekammer und der handelspolitischen Zentralstelle zur Vorbereitung der Handelsverträge hier an dieser Stelle, in diesem weihevollen Augenblick, das Wort zu ergreifen. Ich gestatte mir, namens der von mir vertretenen Korporationen unsere herzlichsten Glückwünsche der Korporation der Kaufmannschaft von Berlin zum Ausdruck zu bringen. Ich gestatte mir, daran den Ausdruck der Ueberzeugung zu knüpfen, daß nicht nur die freundlichen Beziehungen, die seit Jahrzehnten zwischen Ihrer Korporation und unserer Handelskammer bestehen, die Veranlassung waren, daß Sie uns zu diesem schönen Feste hierher eingeladen haben, sondern daß es auch mit die Erwägung war, daß neben dem politischen Bündnis, das unsere beiden Länder jahrzehntelang verbindet, es ein immer näheres und immer engeres Verhältnis gibt, welches unsere wirtschaftlichen Beziehungen so glücklich und harmonisch gegenseitig gestaltet. Ich glaube, daß auch von diesem Gesichtspunkte aus alle Bestrebungen, welche in Ihrem Reiche zur Ausgestaltung des Handelshochschulwesens aufgewendet werden, bei uns auf volles Verständnis stoßen und uns den Ansporn geben werden, auf dem einmal betretenen Pfade fortzuschreiten.

Es ist ganz gewiß, daß sowohl die Gründung wie die Ausgestaltung des Handelshochschulwesens im Deutschen Reiche wie auch in unseren Ländern so ziemlich die gleichen Wege gegangen sind. Wir haben vor allem anderen zu bemerken, — wir sehen es heute wieder so glänzend bewiesen —, daß es beinahe ausschließlich der eigenen Initiative der interessierten Kreise zu verdanken ist, wenn auf diesem Gebiete so Schönes versucht, unternommen und ausgestaltet ist. Sowohl in unserem Lande, als auch in Ihrem Lande sind es in allererster Linie die unternehmenden Kaufleute gewesen, die sich an die Spitze solcher Unternehmungen gestellt haben, die weiten Blickes erkannt haben, welche außerordentlichen Vorteile es dem jungen Kaufmanne bietet, wenn er sein Wissen ergänzt und vervollkommnet, und daß es vor allem notwendig ist, die soziale Stellung des Kaufmanns zu heben: und sie kann nur gehoben werden, wenn er mit voller Gleichberechtigung als nicht nur in seinem Fache gebildeter, sondern als universell gebildeter Mann in die Welt hinausgehen kann. Sie haben mit dieser neuen Schöpfung heute einen neuen Schritt auf diesem Pfade getan, und Sie werden uns in Oesterreich damit anspornen, Ihnen in dieser Richtung zu folgen.

Gestatten Sie mir, daß ich nochmals Ihnen nicht nur die innigsten, herzlichsten Glückwünsche unserer Kammer ausspreche, sondern daß ich Ihnen auch von ganzem Herzen wünsche, daß alle die großen Hoffnungen, die Sie an Ihre Schöpfung knüpfen, in vollstem und reichstem Maße in Erfüllung gehen mögen.

Geheimer Kommerzienrat **Zweiniger**, Vertreter der Handelskammer und der Handelshochschule zu Leipzig:

Kaiserliche und Königliche Hoheit! Hochansehnliche Festversammlung! Zuvörderst bringe ich herzlichsten Dank dar den Herren Präsidenten der Aeltesten der Berliner Kaufmannschaft für die freundliche Einladung, die sie an den Senat der Leipziger Handelshochschule und an die Leipziger Handelskammer haben ergehen lassen.

Ich habe nunmehr die Ehre, Ihnen von zwei Seiten herzliche Glück- und Segenswünsche zur Eröffnung Ihrer Handelshochschule darbringen zu dürfen, einmal von dem Senat der Leipziger Handelshochschule, dann auch von der Leipziger Handelskammer.

Wenn schon die deutschen Handelskammern und wirtschaftlichen Korporationen überhaupt an der Eröffnung einer Handelshochschule in der Hauptstadt des Deutschen Reiches lebhaften Anteil nehmen, so hat doch die Leipziger Handelskammer ganz besonderen Anlaß, diese Einrichtung mit Teilnahme und Freude zu begrüßen. Denn dem Gedanken Mevissens und insbesondere der Anregung des zweiten Kongresses für das kaufmännische

Unterrichtswesen, der im Juni 1897 in Leipzig tagte, Folge gebend, hat die Leipziger Handelskammer, in Verbindung mit der Leipziger Universität und der öffentlichen Leipziger Handelslehranstalt, die erste deutsche Handelshochschule im Jahre 1898 begründet.

Aus dem deutschen Kaufmannsstande sind sonst auch ohne Handelshochschulen hervorragend tüchtige Leute hervorgegangen. Die Entwickelung aber, die sich auf allen Gebieten des wirtschaftlichen und öffentlichen Lebens, im internationalen und überseeischen Verkehr während der letzten Dezennien vollzogen hat, stellt auch dem Berufe des Kaufmanns wesentlich neue, mannigfach wichtige und hohe Aufgaben. Damit nun der Kaufmann diesen Aufgaben gerecht werden kann, will die Handelshochschule ihn wissenschaftlich vertiefen, will ihn beruflich den Erfordernissen der Zeit entsprechend ausbilden, kurz, ihm für seinen Beruf und das öffentliche Leben das denkbar beste Rüstzeug mit auf den Weg geben. Aus diesen Erwägungen und Gesichtspunkten ist seinerzeit die Leipziger Handelshochschule entstanden.

Nun eröffnen Sie, hochgeehrte Herren Aeltesten der Kaufmannschaft von Berlin, der deutschen Kaufmannschaft diese neue, durch Ihre Munifizenz begründete prächtige akademische Bildungsstätte. Sowohl von den berufenen Vertretungen von Handel und Industrie des Deutschen Reiches, als auch von allen, denen die Förderung des Handels und der Industrie und die Hebung des Kaufmannsstandes am Herzen liegt, gebührt Ihnen inniger Dank. Diesen Dank zunächst von seiten des Leipziger Handelshochschulsenats und der Leipziger Handelskammer Ihnen heute zum Ausdruck zu bringen, gereicht mir zu ganz besonderer Genugtuung und ist mir zugleich persönliches Bedürfnis.

Ich schließe mit dem Wunsche, den ich ausspreche namens des Leipziger Handelshochschulsenats und der Leipziger Handelskammer und in dem sich mit uns vereinigen werden — davon bin ich überzeugt — sämtliche zur Förderung von Handel und Industrie berufenen kaufmännischen Institutionen Deutschlands: Möge die Berliner Handelshochschule blühen und gedeihen und dazu dienen, Männer heranzubilden, die dem Kaufmannsstande und unserem öffentlichen Leben zur Ehre gereichen.

Präsident **Kaempf:** Meine Herren! Erlauben Sie mir, Ihnen allen, die die Glückwünsche Ihrer Körperschaften an die Aeltesten der Kaufmannschaft von Berlin und an die Handelshochschule überbracht haben, den verbindlichsten Dank dafür auszusprechen. Wenn Sie Ihren Korporationen berichten werden über die heutige Feier, so bitte ich Sie, davon überzeugt zu sein, daß Sie es hier zu tun haben mit einer Einrichtung, die den Wunsch und die Absicht hat, den älteren Hochschulen nachzueifern und in ernster Arbeit für die Allgemeinheit etwas zu leisten.

Und so möge dieses neue Unternehmen seinen ersten Schritt in das Leben hinaus tun zur Ehre des Kaufmannsstandes und zum Segen für unser Vaterland. —

Vor allem danken wir Euerer Kaiserlichen und Königlichen Hoheit dafür, daß Euere Kaiserliche und Königliche Hoheit in Vertretung Seiner Majestät des Kaisers hier erschienen sind, und wir danken aus ganzem Herzen für das Interesse, das Euere Kaiserliche und Königliche Hoheit damit zum Ausdruck gebracht haben.

Wenn es Euere Kaiserliche und Königliche Hoheit gestatten, schließe ich hiermit den Festakt.

Paß & Garleb G. m. b. H., Berlin W. 35.

FSC
www.fsc.org
MIX
Papier | Fördert gute Waldnutzung
FSC® C083411

Kolibri 360 GmbH
Ferdinand-Jühlke-Straße 7
99095 Erfurt, Deutschland
produktsicherheit@kolibri360.de